Robert de La Sizeranne

Les Salons de 1907 et l'orientation nouvelle de paysage

Critique

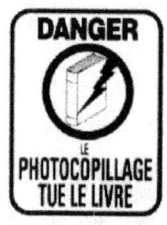
ISBN : 978-1981446902

10 9 8 7 6 5 4 3 2 1

Robert de La Sizeranne

Les Salons de 1907 et l'orientation nouvelle de paysage

Critique

Table de Matières

Section I

L'Art, aux Salons de 1907, semble immobile et sans surprises. Chaque maître s'y présente identique, sinon toujours égal à lui-même, et il ne se présente pas de maître nouveau. Du plus loin qu'on l'aperçoive, un tableau crie son auteur, non seulement par sa facture et sa matière qui n'ont pas changé, mais par son sujet qui est le même, par ses modèles qui sont venus poser devant le peintre dans une attitude semblable, sous de pareils atours, faisant les gestes qu'ils faisaient déjà l'année passée et les années qui précédèrent, et parfois il y un quart de siècle, peut-être un peu las, mais imperturbablement. On croit entendre le rythme du pas connu, le heurt à la porte accoutumé, la voix triste ou gaie de jadis, le soupir étouffé, le rire clair, le bruissement bref. On croit voir baisser le même store, naître les mêmes reflets dans le miroir docile, courir et se dévider les mêmes nuées inlassables. On croit sentir le souffle d'air lourd du parfum immémorial sur la lisière de la forêt, sur la plage, devant la moisson inachevée. Rien ne s'est effacé des figures qui passaient sur les cimaises ; rien n'a changé des âmes qui passaient dans les prunelles. Une visite à l'avenue d'Antin ou aux Champs-Elysées procure la désirable illusion que les jours n'ont point coulé depuis les dernières années du dernier siècle et que, dans ce coin de France, miraculeusement soustrait aux « crises » et aux « questions » qui bouleversent nos mœurs ut notre vie, chacun peut se croire, un instant, plus jeune de toutes les saisons inutilement employées par les peintres, plus riche de toutes les heures perdues pour l'art.

« On me demande si je ne changerai jamais ma manière… mais pourquoi changer quand on fait bien ? » Cette exclamation fameuse, du vieux maître Henner, et qui lui fut tant reprochée, semble aujourd'hui devenue la devise de tous. Et tous, par leur merveilleuse application à ne point troubler la favorable idée qu'ils pensent nous avoir donnée d'eux-mêmes, semblent vouloir épargner aux visiteurs jusqu'à l'ombre d'une incertitude et ôter toute besogne aux « attributionnistes » ou « baptistes, » aux Morellis ou aux Berensons de l'avenir. M. Le Gout-Gérard n'a pas quitté le Finistère, et les vagues violacées de la mer intérieure battent toujours les rochers blanchâtres de M. Olive. M. Lucien Simon va toujours à la messe. Il n'est encore entré personne dans les appartements de M. Lobre. La figure de M. Agache n'a point laissé tomber de ses mains ces objets éclatants et inexplicables qui lui servent à symboliser la Justice, la Gloire, le Deuil ou la Fantaisie. Elle en a même prêté un de cristal et d'or à la figure symbolique de M. Dagnan. Il reste beaucoup à faire aux *Dames hospitalières de Beaune* pour mettre tout en ordre dans leur maison, et pour amener jusqu'au ton d'un mouchoir de poche, que vous placeriez près du tableau, le linge extraordinaire que M. Bail leur donne à blanchir. La Corrèze dédie indéfiniment ses bruyères roses à M. Didier-Pouget. Nul n'a touché au melon de M. Zakarian. Les clubmen de M. Béraud poursuivent le cycle de leurs « obligations » mondaines avec une morne exactitude et une conscience croissante de leur inutilité. Les moissonneurs de M. Lhermitte sont loin d'avoir fini de couper ses blés. Et, grâce à Dieu, pas plus que les années précédentes, nous ne manquerons, cette fois encore, la diligence jaune de M. Montenard.

Ainsi, tout va bien, ou du moins tout irait bien si la fonction propre de l'art était d'immobiliser notre vision des choses, et si chacun de ces artistes, en demeurant lui-même, ou en restant fidèle à ce qu'il y a de meilleur en lui, le fortifiait, l'enrichissait et en déduisait toutes les virtualités latentes, jusqu'à pouvoir, sans faiblir, éliminer tout emprunt fait à d'autres maîtres ou toute concession à d'autres goûts. Par exemple, nul ne se plaindra que M. Bonnat reste ce qu'il est lorsqu'il trouve, pour peindre le personnage qu'il nous montre définitivement installé dans un fauteuil, des accents si justes, si sonores, et si brefs. Aucun de ses anciens portraits ne réalise mieux le modèle avec moins d'éléments réels. Dans aucun, l'esprit ne dirige plus visiblement chaque louche, ni la matière du peintre n'a, pour ainsi parler, si peu de « poids mort. » De plus en plus, ce disciple de Velazquez tend à la facture idéale qu'il a définie ainsi : « Les ombres simplifiées ne sont que frottées ; seules les lumières sont peintes en pleine pâte. » Ce qui est, en effet, le premier précepte, mais plus facile à formuler qu'à suivre, du coloriste. Jamais M. Bonnat ne s'en est mieux souvenu que dans cet officiel *Portrait de M. Fallières*.

Il est toujours malaisé de faire le portrait des grands. On sait les stratagèmes et les accessoires qu'employaient les peintres d'autrefois, quand ils se trouvaient en présence d'un homme célèbre, pour rivaliser avec l'historiographe. Gérard de Lairesse a pris la peine d'édicter là-dessus pour ses jeunes confrères des règles minutieuses et précises. Après avoir averti que « lorsqu'il est question d'un tyran ou d'un prince méchant et cruel, on ornera l'intérieur de sa cour ou le salon où on le fait voir, de peintures qui représentent des actes d'une grande sévérité et de barbarie, » le professeur ajoute : « La statue de la Politique ou du Gouvernement appartient à un Conseiller d'Etat et à un Sénateur ; et dans les peintures on fera voir la promulgation des lois et leur exécution, ainsi que les figures allégoriques de la Prudence et de la Vigilance. A un Secrétaire d'Etat on donnera la statue d'Harpocrate, et en peinture ou en bas-relief, on représentera Alexandre le Grand qui, avec sa bague ou son cachet ferme la bouche à Ephestion, ainsi que l'emblème de la Fidélité, ou une oie portant une pierre dans le bec... [1] » C'étaient de précieuses ressources. De nos jours, le peintre n'ose plus y recourir pour raconter les exploits de son modèle, et il s'en tire comme il peut. Après cela, M. Bonnat a de la chance. Puisqu'une tradition immuable et comme un de ces articles secrets de la Constitution qui semblent être les mieux observés de tous lui délèguent, dans notre République, la fonction singulière qu'occupaient les Bellini ou le Titien dans celle de Venise et que, l'un après l'autre, nos présidents viennent s'asseoir devant lui, comme les doges, les Andréa Gritti, les Grimani, les Mocenigo, les Foscari, le firent si longtemps devant les peintres officiels de la Seigneurie, nous devons nous réjouir des choix successifs des Congrès de Versailles. On n'a jamais eu à déplorer l'apparition, sur le fauteuil transitoire où M. Bonnat les observe, de ces physionomies mouvantes et complexes, de ces âmes multiples et insaisissables qui font le désespoir du portraitiste et le jettent en des perplexités et des tentatives fatales à la plastique de son art.

Les âmes présidentielles se recommandent au peintre par leur simplicité d'expression et « s'extériorisent » avec une grande bonhomie ; l'historien ne pourrait en dire plus long que l'artiste de sa brosse rapide. On ne les imagine même pas justiciables de Lenbach ou de Burne Jones. Là, est la différence profonde entre la besogne imposée à M. Bonnat devant M. Fallières et celle des

---

1 Gérard de Lairesse, le Grand livre des Peintres, ch. VI. *De la convenance des accessoires relativement à l'état et à la condition des personnes qu'on peint.*

Vénitiens lorsqu'ils figuraient leurs doges agenouillés aux pieds de l'Enfant Jésus parmi des anges acrobates, — et elle est tout à l'avantage de notre peintre. Sans doute, on ne peut s'empêcher, en voyant M. Fallières, de se rappeler le portrait de Charles-Quint, du Titien, au musée de Munich : même installation dans un large fauteuil, même main droite crochant le bras droit du siège, même main gauche sur le genou, mais quelle distance entre la halte inquiète, défiante de l'Empereur et l'assiette assurée du Président de la République ! Si délié et si sûr que fût le pinceau du Titien, il n'a pu retracer les diversités de cette âme mouvante, ni les traverses de cette destinée prodigieuse. Il éveille toutes les curiosités sans les satisfaire. M. Bonnat, au contraire, bien que parlant peut-être une langue plus sommaire, exprime pleinement la mentalité de son modèle. Il rend, sans effort, la quiétude du rivage élyséen d'où son chef d'Etat semble considérer la tempête et, sans rien ajouter ni retrancher à l'objet que lui fournit la décision solennelle des assemblées, sans songer davantage à philosopher que Velazquez devant Innocent X, qu'Ingres devant M. Berlin, ou que David devant Mme Morel de Tangry et ses filles, il fixe quelque chose d'imperturbable et de définitif.

On ne se plaindra pas, non plus, si M. Lucien Simon demeure fidèle à lui-même, car s'il a fait déjà, en pleine vie parisienne, paraître l'âme des foules bretonnes, jamais il ne l'a fait plus fortement ni mieux à propos que, cette année, dans sa *Grand'Messe* (*Finistère*). Nous voilà dans l'église de Combrit, au pays des Bigoudeus, dont nous reconnaissons aux têtes des petites filles la coiffe immémoriale. Nous voyons l'assistance face à face, comme la voit le prêtre lorsqu'il se retourne pour lui parler. Le sujet de ce tableau n'est donc pas la cérémonie même de la messe comme nous la montrerait un peintre religieux du XVIIe siècle ; ce n'est pas, rendu sensible, le prodige du Saint-Sacrifice, comme nous le verrions dans un tableau de Primitif : c'est l'impression faite sur la foule bretonne par la solennité dominicale avec tout ce qu'elle ramène de souvenirs familiaux et d'idées ancestrales à la surface tranquille et limpide de ces vies.

Dans les yeux mi-clos des grandes figures glabres qu'ont les Bretons aux longs cheveux, debout dans l'ombre, dans les yeux à demi baissés des sœurs blanches réceptrices et dispensatrices de toute la lumière que le vitrail leur envoie, dans les yeux grands ouverts des enfants serrés et attentifs, c'est tout le mystère divin qui passe. Nous jugeons du miracle par son reflet. Vainement on chercherait aujourd'hui l'œuvre d'art vraiment digne de ce nom qui nous montrât autre chose. Depuis longtemps les anges, les démons, les figures miraculeuses ou miraculées, les nimbes et les gloires ont fondu au soleil de la couleur moderne et disparu comme les *voix* de Bastien-Lepage dans le jardin de Domremy. Mais en même temps, chose que l'art religieux d'autrefois n'eût jamais songé à faire, les artistes se sont appliqués à chercher, dans l'attitude et l'expression des croyants, figurés tout seuls, sans que l'objet de leur culte les explique, une profonde impression religieuse. Le sujet principal de la peinture religieuse comprise de la sorte n'est plus Dieu ; c'est l'homme et l'idée de Dieu qu'on peut démêler en lui. On se rappelle les figures observées ainsi par Alphonse Legros, par Laboulaye, par Lhermitte, par Herkomer. Cette conception de l'art religieux n'est donc pas toute récente, mais jamais elle n'a mieux répondu à l'obscur instinct que nous avons des rapports de la foi et de la vie. Et comme, d'ailleurs, on ne saurait relever en cette *Grand-messe*, la moindre affectation ni intention confessionnelle ; comme elle est manifestement une chose vue et aimée pour son caractère pittoresque et rendue par des moyens pittoresques, on ne se plaindra pas que M. Lucien Simon n'ait point quitté son pays, ni ses figures, ni son métier d'autrefois.

M. René Ménard non plus, et l'on ne s'en plaindra pas davantage. Sans doute, c'est une étrange disgrâce de notre humanité chétive et vainement consolée de sa laideur par la qualification d' « intellectuelle, » qu'il lui faille, pour se rappeler les mouvements harmonieux de l'animal humain et le rythme naturel de la vie, laisser là le spectacle de l'activité moderne et en appeler de la rue au musée. Mais, tant que notre paradoxale existence ploiera et déjettera les corps, émiettera et polluera les paysages, il faudra bien, pour se rapprocher de la nature vivifiante et « recréatrice » dans le vrai sens du mot, dresser des statues grecques sur des paysages antiques. Les toiles de M. René Ménard sont un repos pour les yeux dans le hourvari universel de la peinture. Elles nous rappellent les beaux soirs du temps où le monde était jeune et où il savait assez longuement contempler le golfe, la mer et la forêt pour en voir se détacher et surgir les divinités tutélaires ; et aussi ces mots de l'*Anthologie* : « Autrefois, seul, le berger Paris a vu, sur les montagnes, celle qui remporta le prix de beauté, mais Praxitèle l'a donnée à voir à tous les Cnidiens... » M. René Ménard fait mieux que de nous montrer la déesse un peu banale dont les musées nous imposent trop souvent la perfection pour nous faire désirer la revoir dans nos cadres modernes. Il l'évêque presque sans la peindre. Il nous montre, une nature calme, grande, recueillie, la seule où son apparition est possible, où sa rencontre serait désirable et où sa beauté simple et fruste ne serait pas méconnue.

Fidèle à ses coutumes coloristes et de plus en plus maître de son art, paraît un quatrième maître : M. Jacques Blanche. Son *Portrait de Thomas Hardy* est une merveille pour la franchise de sa touche et sa sobriété. L'architecte romancier qui suivit la carrière inverse de celle, de Perrault est observé, ici, avec une pénétration tout anglaise et rendu avec une simplicité de procédés toute française. C'est un guetteur guetté dans l'exercice de ses fonctions, qui sont de regarder se mouvoir les marionnettes humaines et d'en enregistrer les moindres secousses en sismographe désabusé. Presque chaque année, l'art de M. Jacques Blanche, sans cesser d'être reconnaissable, s'enrichit de quelque découverte ou se libère de quelque superfétation. Il est de ceux, très rares, qu'on n'aimerait point voir changer de route, car il tend de plus en plus à s'éloigner de tout ce qui dans son œuvre était procédé pour ne retenir que ce qui est résultat.

Ainsi, le pèlerin passionné d'art et soucieux de n'éprouver point trop de déception, qui s'est aventuré au salon de l'avenue d'Antin, trouve bien quelques oasis encore où se reposer, — mais si peu ! Quand il aura fait halte devant la *Femme en bleu* de M. Lomont, devant le *Portrait de Mme de Y...* de M. Dagnan, devant *la Passagère*, de M. Jeanniot, devant le *Portrait de M. Lucien Simon*, de M. Cottet, la scène de genre *Avant de sortir*, n° 110 de M. Biessy, *les Bergères et génisses* de M. Burnand et qu'il aura considéré les panneaux de M. La Touche, où semble s'être réfugiée toute la fantaisie des Salons de 1907, enfin le *Portrait de M. Pablo Casals* de M. Raymond Woog, — il s'en ira prudemment. Il évitera soigneusement les grandes toiles déployées comme des voiles de navires qu'aucun souffle, hélas ! n'anime, ne gonfle, ni n'emporte vers des rivages heureux !

Regardant trop autour de lui et des signatures trop illustres, il courrait grand risque de voir s'étioler bien des tempéraments dont il admira jadis la puissance ; — et il passera au Salon des Champs-Elysées.

Là, aussi, le bâton du pèlerin ne cessera presque pas de frapper le sol. Il ne fera silence, un instant, que devant le *Portrait de M. Fallières*, de M. Bonnat, le *Lion*, de M. Morot, les figures de femmes, de M. Henri Guinier, la tête d'enfant intitulée *Fleur de Bretagne*, de M. Henri Royer, les *Cygnes*, de M. Maxence, les *Petites Dentellières*, de Mme Lucas, la nature morte intitulée *Déjà le Jour*, de M. Avy, l'excellent *Portrait de Mme L. de la F…* de M. Alexis Vollon, *le Coin de lingerie chez les Dames hospitalières de Beaune*, de M. Bail, et les portraits de jeunes filles où M. Hébert renouvelle, pour la seconde fois dans l'histoire de l'art, les miracles de la vieillesse du Titien.

Voilà quelques noms français, mais le reste du temps, si le pèlerin d'art est attiré par une facture un peu neuve et vibrante, qu'il regarde la signature, et c'est un nom étranger qu'il reconnaîtra au bas de la toile, et, cette année, c'est toujours un nom espagnol. La toile la plus saisissante des Champs-Elysées, les *Gendarmes Catalans*, est signée Carlos Vazquez, de Barcelone. Une autre, intitulée *A l'Hermitage*, est signée José Rodriguez-Acosta, de Madrid ; une troisième, *Mes Amis*, est signée José-Maria-Lopez Mezquita. Et si l'on se souvient des admirables morceaux de peinture exposés à d'autres Salons par M. Sorolla y Bastida, par M. Cazas, par M. Zuloaga, par M. Rusinol, on pensera peut-être que, s'il est prématuré de parler d'une « école espagnole, » il est juste d'avouer que la plupart des peintres nouveaux nous viennent d'Espagne.

Et c'est au retour d'Italie que se manifestent la plupart de nos nouveaux sculpteurs. Considérez aux Champs-Elysées les deux figures de travailleurs courbés sous le poids du corps de leur camarade mort dans la *Carrière*, par M. Henri Bouchard ; voyez son *Laboureur au repos*. Avec la délicieuse fontaine aux grenouilles de M. Max Blondat, ces rudes silhouettes sont assurément les choses les plus attachantes du Salon de sculpture. C'est un axiome aujourd'hui parmi les « modernistes » qu'un séjour à l'Ecole de Rome tue toute originalité naissante. La villa Médicis est tenue pour responsable de tout ce qu'on aperçoit d'inutile dans notre peinture, de banal dans nos statues et de nuisible dans l'activité de nos architectes. Le « bonheur de n'être pas allé à Rome » est devenu un des plus inévitables lieux communs de la critique d'art contemporaine, et aussi sûrement rencontré dans les thèses de nos historiens sur nos artistes primitifs ou du XVIIIe siècle qu'un cyprès dans un paysage de Florence ou un cheval blanc dans un tableau de Wouwerman. Expliquer ainsi que tels artistes aient du génie et que tels autres n'en aient pas est une solution assurément séduisante par sa simplicité, mais bien faible devant toute vérification. Car on ne voit pas, par exemple, ce qu'Hogarth ou Reynolds, qui ont couru sur les chemins de Rome, y ont bien pu perdre de leur originalité primitive, ni que Troyon, qui n'y est point allé, en montre beaucoup davantage que Corot qui y a peint. On s'étonne que les maîtres puissent à ce point influencer d'autres tempéraments que les faibles, — ceux qui, dans quelque pays que ce fût, hors dans une île déserte, eussent toujours été influencés par quelqu'un. Et lorsqu'on entend des artistes se plaindre d'avoir égaré de grands rêves, d'éblouissantes visions nouvelles, dans leur voyage d'Italie, on songe involontairement à de pauvres diables qui s'en iraient à la Préfecture de police, au bureau des objets perdus, réclamer le Régent ou le Kohinor, persuadés que, s'ils ne les ont pas dans la poche, c'est qu'ils les ont perdus… Or, le fait est que, depuis plusieurs années, rien n'a paru d'aussi original dans la statuaire contemporaine que, voici deux ans, la *Danse sacrée* de M. Ségoffin, qui venait de l'Ecole de Rome, ni que, l'an dernier, les *Fils de Caïn*, de M. Landowski, qui y avait séjourné de même, ni que, cette année, la *Carrière et le Laboureur au repos*, de M. Bouchard, qui en vient aussi.

Ce n'est donc point l'Ecole de Rome, ni aucune organisation extérieure, qu'il faudrait accuser si les Salons étaient, au total, dépourvus de toute orientation nouvelle. Les écoles n'ont plus, si jamais elles l'eurent au point qu'on l'a dit, une influence décisive sur l'art, pas plus que les lois sur les mœurs. Ce sont d'autres causes qui, depuis nombre d'années, affaiblissent progressivement notre art national, et des causes plus profondes auxquelles les réformes administratives, les concours et les encouragements officiels ne peuvent rien. C'est l'âme même de notre art qui est atteinte, parce que les sources où se puisent l'extase devant la nature universelle, le culte du beau sensible, la constance dans l'effort, la passion de la belle matière et du beau métier, la générosité de l'élan, sont taries. — Mais, avant de porter sur cet art un semblable jugement ou même d'émettre une hypothèse, il est infiniment plus profitable d'examiner si, sous la monotonie apparente des sujets et des procédés, il n'est pas quelque genre où se révèle, tant aux expositions présentes, que dans le cours des dernières années, quelque évolution discrète mais réelle, lente mais continue, quelque tendance significative. Où cela se pourrait-il, sinon dans le genre vraiment créé au XIXe siècle : le Paysage ? Ainsi ne pourrions-nous guère, avant d'avoir considéré l'orientation des paysagistes, décider si les *Salons* de 1907 sont, ou ne sont pas, uniquement, des « Salons d'attente. »

Section II

En paysage comme dans tous les autres genres, il y a, parfois, des épidémies de sujets. On a connu, jadis, celle du « sous-bois, » puis des périssoires et des scènes de la « grenouillère. » Salammbô fut aussi l'occasion de bien des panneaux perdus dans l'ancien Palais de l'Industrie. Plus récemment, les mineurs ont fait dans la sculpture une entrée fort émouvante, accompagnée de beaucoup de rhétorique et d'infiniment de sociologie. Aujourd'hui ce sont les aveugles. Déjà, M. Hippolyte Lefebvre, dans son groupe des *Jeunes Aveugles* maintenant au Luxembourg, avait cherché à renouveler le geste de la statue moderne, son port de tête, et son inflexion générale en étudiant chez des êtres plastiquement bien constitués, mais privés d'un sens, ce que devenaient ce geste, ce port et cette inflexion lorsqu'ils ne répondaient plus qu'à des mouvements intimes de l'âme et n'étaient plus ni guidés par ni accomplis pour les yeux. Voici que, cette année, la première chose qu'on aperçoit, en entrant avenue d'Antin, est un grand groupe d'aveugles d'Orient où M. Charlier se montre préoccupé du même problème. Et, tout à côté, il semble bien que la figure qui s'avance courbée et voilée en volute, comme une cloche en marche, les mains tendues pour explorer l'ambiance, le pied soulevé comme pour « sonder, » selon l'expression de Montaigne, « le gué de bien loin, » soit aussi une figure d'aveugle. C'est seulement une figure du *Doute*, qu'a voulu montrer M. de Saint-Marceaux, mais du *Doute sur le chemin de la vie* et ne s'y hasardant qu'avec les précautions infinies qu'on voit prendre aux Parisiens en marche dans leur patrie depuis que leurs chemins traditionnels les conduisent inopinément à des améliorations souterraines. Un autre geste d'aveugle est étudié, au Salon des Champs-Elysées, par M. Badoche-Descharnes dans un groupe de marbre : une jeune fille caresse un bébé qu'elle ne voit pas, qui ne la regarde pas, qui ne peut être attiré par l'éclat des yeux, ni par cette mimique du geste par où l'on intrigue d'ordinaire les tout petits, et qui gît, un peu au hasard, sur les genoux de sa grande sœur perdu dans le rêve mystérieux de l'enfance comme l'aveugle dans celui de la nuit.

D'autres artistes s'appliquent, dans les deux Salons, aux mêmes enquêtes, et il est probable que les études commencées ne s'arrêteront pas là. Mais le sujet vraiment épidémique, celui qui, par des affinités mystérieuses, paraît, depuis plusieurs années, toucher le plus les peintres, ce n'est pas un sujet humain, ni social ; ce n'est pas un aspect nouveau de la vie, ni un point du globe nouvellement découvert : c'est le sujet le plus fréquent dans les paysages de tous les musées depuis le XVIIIe siècle, — c'est Venise.

Il y a, parmi les salles, merveilleusement aménagées par M. Dubufe, pour donnera ses hôtes de l'avenue d'Antin toutes leurs aises, un salon où, dans quelque coin qu'on se blottisse, on est à Venise : la salle VII. Il faut y demeurer. Elle est favorable aux haltes silencieuses. M. Le Sidaner, en six toiles, M. Iwill, en trois, y célèbrent leur culte. Et, aux Champs-Elysées, il y a aussi une salle, la salle 4, que MM. Franc-Lamy, d'Estienne et Godeby ont pareillement consacrée à Venise. Si l'on observe, en outre, que MM. Abel Truchet, Raymond Kœnig, Alexander Harrison et Guillaume Roger, avenue d'Antin, et qu'aux Champs-Elysées MM. de Joncières, Duprat, Vignal, Rigollot, Maurice Bompard, Roullet, Allègre, Saint-Germier, Joubert, Fivaz, Wagrez, Rousseau, et Du Gardier ont cherché le motif de leurs toiles dans l'histoire ou la nature de ce coin de pierres et d'eaux qui tient entre Fusine et Saint-François du Désert, on mesurera combien il était vain, aux beaux temps de la critique naturaliste, d'annoncer la désertion des sites anciens et des paysages historiques. Le romantisme a des retours que la critique ne prévoit guère et les peintres d'aujourd'hui, même les plus personnels, comme MM. Le Sidaner, Abel Truchet ou Raymond Kœnig, aiment à glisser, comme les personnages de M.

de Joncières *Dans le sillage de Musset*... Les âmes de Byron et de Browning, de Ruskin et de Turner pourraient venir errer, sans être trop dépaysées, dans les Champs-Elysées de 1907. Leur culte est ininterrompu. Leur patrie est comprise, sinon toujours comme ils la comprirent, du moins comme les aspects infiniment changeants de cette cité multiforme permettent de l'envisager. Est-ce là une tentative heureuse et doit-on louer nos artistes de retourner sur la lagune autrement qu'en vacances ; en un mot, doit-on peindre Venise ? C'est ce que la variété des exemples mis sous nos yeux nous incline à examiner.

La complexité infinie de son visage est ce qui séduit d'abord les peintres et ce qui ensuite les désespère. Au moment de faire le portrait de cette cité, ils la voient se briser en mille aspects disparates, et, sur le point d'en donner l'impression, ils la sentent faite de mille sensations contradictoires. A mesure que leur gondole pointe et s'insinue dans la ville, ils découvrent qu'elle est faite d'un triple aspect : l'aspect du canal, l'aspect de la cité et l'aspect du lac. D'abord l'aspect du canal. Dans le dédale interne des veines d'eau secondaires et irrégulières, le peintre est saisi surtout par l'impression qu'il a de pénétrer dans une fente de rocher et d'y commencer un voyage hasardeux sans grand espoir de revoir le soleil. N'était le mouvement incessant des souples eaux noires sur le seuil moisi des maisons et la course des rats mal contents sur les margelles, il lui semblerait cheminer parmi d'innombrables sujets de nature morte. En ramant sous ces petits ponts courbes et bas qui ouvrent sournoisement devant lui l'étroit goulot par où il faut qu'on passe, et si bas que le gondolier saisit de la main, pour s'en aider, la barbe de pierre des têtes sculptées aux voûtes, il lui semble entrer dans les causses de nos montagnes du Centre. Mais à peine a-t-il débuché devant une place comme celle où se tient le Colleone, c'est l'impression d'humanité, de siècles d'histoire et d'art qui le saisit tout entier. L'architecture de la nature s'oublie devant l'architecture des hommes. Et le peintre rêve des colonnades de Véronèse ou de Canaletto. Mais voici que la barque, poursuivant sa route, longe les palais qu'entoure une forêt inondée faite de pieux gigantesques, coiffés comme des doges et habillés comme des mirlitons : il a l'impression d'un *Venusberg* surgi du fond des eaux gardant encore un peu de l'éclat du corail, des perles et des algues des régions féeriques d'où il est sorti. Et, devant ces grands perrons où les lames, terribles là-bas sur la mer, viennent, après mille lacets, se rouler comme des bêtes câlines apprivoisées, sous ces splendeurs de marbres polychromes, et dans cette atmosphère de vie facile et silencieuse, le peintre regrette les fêtes disparues. Il imagine aussitôt l'arrivée des gondoles débordantes de toilettes claires, la cohue et l'enchevêtrement de ces longues choses noires, souples et pointues, qui hachent l'eau entre les piliers et sursautent à chaque remous, le claquement des vagues, l'éclat des brocarts, des satins et des dentelles étalées sur les perrons moussus, le large paraphe des révérences, la tâche d'encre des masques, le mince éclair des épées. Et il lui semble à ce moment que rien n'est plus beau que de s'improviser peintre de fêtes galantes…

Pourtant, sa barque a poursuivi et il a gagné les quartiers pauvres où sont entassés la plupart des 167 000 habitants de ces îlots de pierre, la Giudecca, San Trovaso, la Misericordia. Là, l'eau de la lagune, où dansent des épluchures, ne reflète que des choses misérables, des masures basses, des loques, des chantiers. Mais ces loques sont éblouissantes. Ces masures, comme celle des Martigues, « la Venise des pauvres, » sont, pour l'œil du coloriste, des sources de joie infinie. Une foule de petits incidents de la vie populaire : un déménagement en gondole, avec le reflet insolite d'un pauvre mobilier en ruines ; des femmes qui renouvellent au pied d'une madone de quartier leur offrande d'huile et de fleurs ; le passage d'une gondole funéraire allumant dans le canal des reflets d'incendie, tout cela fait songer au peintre que Venise est le meilleur cadre où situer quelque simple drame de la vie populaire.

Il y songe encore quand il débouche sur le grand canal et alors tout s'efface de sa mémoire pour n'y plus laisser qu'une impression de la magie des eaux. Il lui paraît que le grand trait de cette ville étrange, notamment de San Giorgio, est qu'elle a l'air d'être surprise en train de sortir de la mer. Tandis qu'il passe devant ces innombrables damiers de marbre blanc, de pierre noircie, et qu'il les compare à des tas de morceaux de sucre empilés par les doigts de petits ramoneurs, entre ces files de piliers, mi-partie bleus et rouges, bleus et blancs, qui entrent dans l'eau comme des colonnes et s'y enfoncent comme des serpents, sous ces figures solennelles de saints ou de héros que la vague, en les reflétant, disloque et désosse incessamment, l'artiste éprouve que la moitié de Venise est faite de ces reliefs, et s'il lève les yeux, il est lente de penser que l'autre moitié est faite de son ciel. Et c'est donc la lagune et le ciel qui lui paraissent la chose à peindre.

Enfin, la nuit vient, et quand tout s'est éteint des incendies allumés par le couchant, où brûlèrent les nuages et où se métallisèrent les eaux, un autre enchantement saisit l'artiste. Les eaux n'ont presque plus rien à refléter, mais du peu que le ciel leur jette, elles font des merveilles de joaillerie suspendues aux plis de leur écrin sombre. De la moindre lueur jaune tombée d'une lucarne, elles font un chapelet d'or. Elles se redisent une à une les clartés qui errent à leur surface, et quand le peintre parvient au quai des Esclavons, par une belle nuit tout illuminée de feux épais, il en oublie les heures du jour, où, sur la place, les pigeons envolés semblaient un continuel échange de couleurs entre les architectures, où le fer de la gondole, fendant l'air vers la ville, coupait par le milieu, tantôt un dôme comme une pomme, tantôt un palais comme un nougat, où chaque coupole se gonflait comme un fruit mûr, et où la mer avait ramassé toutes les plus belles choses du monde, sur son plateau d'émeraude, pour les offrir au ciel. Il ne pense plus qu'à fixer dans sa mémoire, comme l'a fait M. Abel Truchet, l'embrasement lointain de la Piazzetta, le bouquet des lanternes multicolores, la masse confuse des chanteurs et des auditrices de la *Sérénata*, le luisant des haches dentelées à la proue des gondoles, et la course éperdue des gondoliers, profilées en ombres chinoises sur la courbe pointue de leurs noirs esquifs.

Et de chacun de ces tableaux si divers, la saison, l'heure, l'humidité ou la sécheresse de l'atmosphère et le caprice des vents, fait mille tableaux différents. Il n'est pas un coin d'eau, de pierre, de verdure ou de ciel, à Venise ou dans les îles, qui ne soit bon à peindre, et il n'est pas un instant où ce coin ne cesse d'être le même, pour devenir quelque autre chose de meilleur ou de plus surprenant. Quand on visite les débris du Campanile, on voit une statue de terre cuite que la chute a brisée en seize cents morceaux ; par un miracle d'ingéniosité, les archéologues, qui sont de grands raccommodeurs de porcelaines, sont parvenus à la rassembler et à la recoller tout entière. Mais qui rassemblera tous les morceaux où se reflète à la fois et se brise indéfiniment pour renaître tour à tour le visage de Venise ?

Ainsi, au premier abord, le peintre est ébloui, enchanté, attiré par cette ville posée au bord de l'Europe, tournée vers l'Orient. Il se dit : « Je viendrai là et je ferai des chefs-d'œuvre. » Il vient là. Mais le chef-d'œuvre est déjà fait. Chaque lucarne ouverte sur la lagune, chaque felze aux rideaux tirés découpe dans l'espace un tableau nouveau, toujours bien composé, bien équilibré, intense, parfait. Alors le grand souci du peintre moderne, qui vit dans la terreur du paysage composé, est de ne pas faire « le tableau, » le tableau qui est là tout peint devant ses yeux et qui n'a pas besoin de lui pour être déjà une œuvre d'art ; c'est de ne pas écrire sous la dictée mystérieuse des entretiens avec la nature, des morts et des éléments, des Lombardi, des San Sovino, des Palladio, des eaux, des ciels et des siècles ; c'est d'ajouter ou de substituer à la nature ou au travail des siècles, sa personnalité à lui, — membre de la *Sécession* ou de la *Water Colour Society,* — arrivé par le train du matin.

Turner y parvint, mais précisément il effaça de son œuvre l'œuvre des hommes. Dans le creuset de son imagination, les « pierres de Venise » ont fondu. Il ne reste plus que le ciel et la mer. Les bâtisseurs ne peuvent plus réclamer leur part de droits d'auteur. Comme son fameux *Port-Ruysdaël* que n'ont jamais pu identifier les plus entreprenants géographes, ses monuments sont des fantômes d'église, des hypothèses de palais. Tout «»son œuvre est fait de ce qui, dans la nature, est impalpable, de ce qui est instable et de ce-qui est indéfinissable ; de ce qu'on ne peut saisir, de ce qu'on ne peut borner et de ce qui ne peut tarir. Il n'a montré qu'une impression produite, un instant, sur lui par quelque chose qui a disparu.

Dès qu'on veut montrer autre chose, on devient un copiste, le copiste d'un texte trop clairement écrit d'avance pour que nul n'ait besoin qu'on le traduise. Sans doute, c'est là ce qui arrive un peu dans tout beau pays, devant tout beau motif de paysage. Mais ces motifs sont généralement moins notoires que Venise et plus difficilement accessibles, et, d'autre part, il est rare qu'ils gardent, durant des années, tous leurs traits immobiles, leurs lignes identiques, leurs équilibres constants. La beauté que M. Olive ou M. Dauphin, ou M. Paulin Bertrand nous décrivent d'une vague sous un nuage, ou de rochers blancs battus par une vague violette, ou d'une anse de Provence, peut exister un instant comme réalité : elle restera toujours comme témoignage, quand la réalité qui l'a inspirée ne sera plus. La vague se replie, les arbres croissent, le bout de rocher s'effrite, et nous sommes reconnaissants à l'artiste qui a découvert et qui a fixé une rencontre de lumière, de traits et d'équilibre que nous ne pourrons peut-être plus revoir. Mais qui a besoin qu'on découvre Venise ?

Ainsi Venise est la grande séductrice parmi les cités du globe. C'est la seule qui soit à demi faite de reflets, la seule dont la silhouette entière se double en se renversant dans le tranquille abîme des eaux. Mais elle est, aussi, la chose qu'il ne faut pas fixer, qu'il ne faut pas raconter, qu'il ne faut pas peindre. L'éternelle illusion de tous les paysagistes et aussi de toutes les femmes, un instant soucieuses d'un hommage posthume, qui viennent s'asseoir devant le portraitiste à la mode, est de croire que du plus beau site se fera le plus beau paysage et de la plus belle femme le plus beau portrait. Toute l'histoire dément ce rêve. Les plus beaux portraits de femmes qu'on connaisse furent peints, non d'après des beautés impeccables, mais d'après des visages imprécis dont les traits étaient indéfinis, dont l'expression était médiocre, dont l'âme était voilée. Car l'art a pu faire alors son œuvre qui est de révéler. Le portrait est à la femme ce que le visage de la femme est à celui de l'enfant, d'autant plus beau une fois réalisé que, jadis, il fut moins défini en ses lignes, moins écrit et moins parfait en sa primitive expression. Venise est le visage accompli qu'on ne peut accentuer sans le flétrir. On peut y rêver. On peut y flâner. On peut y aimer. On peut y mourir. Il ne faut pas y peindre.

Section III

Et pourtant, si vous êtes resté quelques minutes dans cette salle VII de l'avenue d'Antin, devant les toiles de M. Le Sidaner, devant celle surtout qu'il intitule *Palais au clair de lune*, n° 770, vous n'avez pu résister au charme de cette vision. C'est celui qu'on éprouve lorsque, entrant dans Venise par une nuit avaricieusement étoilée, on glisse d'un mouvement lent et imperceptible le long des palais endormis. La voix du gondolier jette dans l'ombre les noms des grands morts qui les bâtirent et qui dorment maintenant, suspendus aux murs des églises, dans leur gaine de marbre, ou aux voûtes des confréries, coiffés du corno, les mains jointes, aux pieds de la Vierge et de l'Enfant Jésus : Vendramin, Dandolo, Grimani, Mocenigo, Foscari, Rezzonico... Un à un, se devinent et s'évanouissent ces cubes massifs et sombres, à mesure que la rame soulève des plis d'argent sur la moire obscure et bleuâtre du canal. Il semble qu'on côtoie une île de tombeaux. S'il faisait plein jour, on s'aviserait peut-être que ce sont là, tout bonnement, des banques, des « offices, » des administrations ou des villégiatures confortables pour transatlantiques, vainement friands d'éprouver dans une autre pairie des sensations d'histoire qu'ils n'ont pas su trouver dans la leur. Mais, la nuit, ces palais redeviennent grandioses et rejoignent le domaine des ombres qui les hantèrent. Tout un monde s'y rattache de passions civiques, de discipline nationale et de domination universelle, dont les âmes modernes, penchées aux *loggie* supérieures, ne gardent pas plus le reflet que les eaux occupées indéfiniment à battre leur seuil.

De près, cette toile de M. Le Sidaner n'est qu'un amas de hachures : de loin c'est une apparition toute vibrante, dont l'unité se recompose, à mesure qu'on s'éloigne, de toutes les touches éparpillées : Mais ce n'est point-là le portrait officiel de Venise. On n'y sent pas l'ambition de rendre, d'un coup, cette encyclopédie d'impressions diverses qu'est son visage. C'est un aspect limité de cette nature singulière. C'est un fragment, d'après lequel l'imagination seule peut recomposer tout le reste. Se mesurant avec une nature trop riche et trop complexe pour se livrer dans sa diversité infinie, l'artiste s'est borné à mettre mieux en valeur un des éléments de cette richesse et à plus clairement exprimer un des aspects de cette diversité.

« Un aspect limité, » voilà ce que nous trouvons, de nos jours, non seulement chez M. Le Sidaner, mais chez bien d'autres peintres modernes de paysage, et justement chez les meilleurs, les plus attirans, les plus évocateurs : chez Thaulow, chez Cazin, chez MM. René Ménard, Cottet, Dauchez, Henri Rivière, Lechat, Guillaume Roger, Harrison, Clary, Monod, Moullé, Kœnig, d'Argence, Truchet, Maufra, Vaysse, Hareux, Gilsoul, Claus,

Madeline, Ulmann, Cailliot, Dagnac-Rivière, Meslé, Lepère, Willaert, Henri Duhem, Bellery-Desfontaines, Goepp, à la fois chez les « ténébreux » successeurs de Delaberge et de Bonvin, et chez les « luministes » disciples de Monet et de Sisley, à la fois chez les traceurs d'arabesques et chez les épar-pilleurs de touches ou les briseurs de lignes. Et cet « aspect limité » donne à tous leurs paysages, quel que soit le sujet, un air d'intimité, de recueillement et de silence qui contraste nettement avec les grands arrangements scéniques ou les fanfares de leurs devanciers. On est aussi peu distrait, dans leurs champs, sur leurs plages, dans leur plein air et sous leur ciel, que dans les chambres closes de M. Lobre ou de M. Walter Gay.

C'est qu'en effet, il y a fort peu de distractions dans leurs paysages. Regardez-les bien, et vous verrez que l'impression que vous en ressentez tient à l'élimination d'une foule de choses animées et chatoyantes, considérées autrefois par le paysagiste comme des bénédictions de la nature.

Premièrement, dans la plupart de ces toiles, il n'y a plus de ciel : à peine une petite bande au bord du cadre, une imposte ouverte au haut de la toile. Ou bien, s'il y a un ciel, il n'y a plus que cela. C'est le portrait d'un nuage, d'une de ces nuées, « qui sont de grandes déesses pour les hommes paresseux, » et alors les diversions de la terre manquent tout à fait. Mais les deux spectacles, celui du ciel et celui de la terre ne sont jamais donnés à la fois. Jamais, à aucune époque du paysage, on n'a vu la ligne séparative de la terre et du ciel, ce qu'on appelle communément et à tort « la ligne d'horizon, » placée aussi haut dans la toile au bord du cadre, de façon à couper court à toute distraction et à rabattre toute l'attention sur le sol. C'est la première caractéristique du paysage au XXe siècle. Elle est capitale, car, la hauteur où l'on met sa ligne d'horizon est décisive dans l'art comme dans la vie, d'une foule, de décisions secondaires et de l'image entière qu'on se fait des choses. Seulement, quand on parle de la vie, ces mots « mettre très haut son horizon » semblent signifier « regarder très loin et très haut. » Dans un tableau, mettre très haut la ligne d'horizon, ou, en d'autres termes, faire monter très liant dans le cadre les lignes qui conduisent au point de fuite, cela veut dire regarder plus près et plus bas. C'est le parti qu'adoptent, maintenant, tous nos peintres. Ils semblent tous avoir grimpé leur chevalet sur une tour au milieu de la campagne, ou dans un moulin au-dessus du canal, ou, en pleine ville, à un cinquième étage. Et ils regardent à leurs pieds.

Alors, ils voient des choses et ont des impressions qui leur étaient soustraites par le moindre incident des premiers plans lorsqu'ils étaient eux-mêmes dans la plaine. Ils ne voient plus le ciel, le soupçonnent à peine, mais découvrent sur la terre et dans l'eau, des figures nouvelles. Thaulow voit les tourbillons, les remous, les losanges et les rhombes formés par les nappes d'eau qui s'approchent et, divisées un instant, cherchent à regagner le centre du courant, les bouillonnements aux obstacles. Il les voit du même œil que, d'un cinquième étage, le spectateur voit les multiples mouvements d'une foule s'écoulant et se culbutant parmi tous les obstacles entre les parois d'un boulevard. M. Dauchez voit, comme un joueur d'échecs son damier, les casiers multicolores des champs cultivés où la longue route qu'il reste à faire au piéton pour gagner son *Village lointain*, déroule son contour et insère sa trace. M. Labrouche (estampes nos 1700 et 1701) voit de très haut, comme d'une hune *Le port de Pasajes*, ses eaux, ses barques et la corniche de ses quais. M. Bellery-Desfontaines, M. Maufra, M. Cailliot, Mme Marie Gautier, bien d'autres encore, sont montés sur les falaises pour épeler les découpures des côtes ou bien les figures des rochers plongés dans l'Océan, ainsi que l'avait fait M. Boulard dans sa *Falaise de Sotteville*, aujourd'hui au Luxembourg. Autrefois, on peignait l'Océan vu de la plage. On allait se mettre avec les pêcheurs de crevettes et il suffisait d'un rocher pour cacher la découpure des côtes ou l'éparpillement des îlots. Maintenant on grimpe le plus haut qu'on peut, avec les douaniers ; on voit le fond des barques, les échelons successifs de l'armée des vagues qui s'avance, et le grand trait géographique d'une région se dessine dans une sorte de « vue planée. » Ce sont alors de tout autres impressions qui se dégagent. C'est la poésie du planisphère, la révélation de l'ossature géologique du globe, le quadrille des flottes éparses sur la mer, la figure des villes sur le fond des plaines, la forme du manteau sombre des forêts jeté sur la montagne, le style de la coupe où dort le lac, le paraphe du fleuve clair au fond de la vallée, la direction des plis du calcaire, le sens des érosions du granit, les dents pointues des roches parmi l'écume, et le tambour retentissant de la mer… Quand nous regardions un port du fond d'une barque ou des marches du quai, le moindre objet de premier plan : une voile, un agrès, un baril, nous cachait des centaines de navires énormes, et jusqu'à la forme de la rade, en sorte que nous ne savions point si nous étions au fond d'une petite crique ou au bout d'une jetée ; mais montons sur un toit ou sur la côte et, de là, voyant le grand contour de la terre et de la mer et le troupeau des barques serrées à l'abri des vents, nous aurons l'impression même du *Port*. Et c'est ce que montre M. Le Gout-Gérard.

Pareillement, sur la plage d'un golfe, nous ne saurions ressentir l'impression distincte produite par la forme des côtes. Montons sur une hauteur et, en voyant se dessiner le demi-cercle bleu ou grisâtre, nous aurons l'impression du *Golfe*. Et c'est ce qu'a montré, l'an dernier, M. René Ménard.

Enfin, une île ne paraîtra telle que si on la voit d'assez loin et d'assez haut pour que, tout autour d'elle, la mer s'aperçoive ou, au moins, se devine. Et quiconque veut donner une idée de la flotte ou de la flottille, c'est-à-dire l'impression d'une foule humaine poussée vers Je même but, par la même force invisible, sur des centaines de bateaux, doit observer la sortie des pêcheurs de Concarneau, non pas de la plage, mais du haut des remparts, et par conséquent, mettre très haut dans sa toile la ligne d'horizon. Et c'est ce qu'a souvent montré à Tréboul, par exemple, M. Henri Rivière.

Aussi, tandis que les paysagistes d'autrefois nous donnaient des vues prises *dans* un port, *dans* une flotte, *dans* un golfe, *dans* une ville, *dans* des rochers, *dans* une forêt, *dans* un estuaire, par un jour d'hiver, vues où ces choses, étaient simplement destinées à jouer un rôle dans un ensemble scénique et décoratif manifestement choisi pour le balancement des lignes ou pour la chanson des couleurs, le paysagiste moderne nous donne un impression topique et unique, un aspect limité à l'idée même du *Golfe*, de la *Ville*, de la *Forêt*, de la *Flottille*, des *Toits*, du *Rocher*, du *Port*, de l'*Hiver*.

Ayant ainsi déterminé et isolé de toutes les autres l'impression qu'a produite en lui tel paysage, l'artiste peut dorénavant donner à son paysage le nom même de son impression. Et il n'y a pas manqué. Ce n'est point tel rivage de Suisse ou d'ailleurs que Baud-Bovy a entendu peindre dans son tableau du Luxembourg : c'est *la Sérénité* ;

ni telle pointe de Bretagne que M. Cottet a voulu montrer, mais *la Brume*. M. Harrison intitule, cette année, un de ses tableaux *Nuit silencieuse*. M. Ménard les siens : la *Forêt*, le *Marais*, *Soleil d'octobre*. M. d'Argence nomme une étude excellente d'eaux au soleil *Matinée d'août*. D'autres paysages pouvaient être intitulés le *Froid*, la *Solitude*, l' *Abandon*, le *Silence*, tellement ils dégagent clairement à nos yeux l'impression ou l'idée dont ces mots sont, pour notre esprit, représentatifs.

Millet disait, un jour, à un de ses élèves : « L'idée qu'il faut donner de la neige, ce n'est pas qu'elle est blanche : c'est qu'elle est froide. » Et, à un autre qu'il voyait occupé à dessiner, laborieusement, le chemin des Barbizonnières dans la forêt de Fontainebleau : « Ce n'est pas cela ! On n'entendrait pas crier les essieux dans ton chemin ! » Il avait le droit de parler ainsi, car il a su exprimer dans ses *Champs en Hiver*, presque sans rien de visible, tout ce qu'on entend et ce qu'on ressent d'impressions tactiles et ce qu'on éprouve de tristesse et de reconnaissance pour le travail obscur de la terre abandonnée… Même sans la figure d'homme qu'il y a mise, Puvis de Chavannes eût réussi à donner l'idée d'une pauvreté indicible par le paysage du *Pauvre Pêcheur*. Enfin, M. Henri Rivière, dans ses estampes fameuses des *Aspects de la Nature* et des *Féeries des Heures*, a rendu, par des raccourcis, des impressions subtiles et presque des idées abstraites, des choses ! si bien, en effet, il a su « abstraire » l'unique trait qui signifie cet « aspect » ou évoque cette « féerie. »

Est-ce là une tendance nouvelle dans l'art du paysage, ou n'est-ce pas une étape nouvelle de sa tendance continue ?

Quand on observe l'évolution du paysage depuis qu'il est promu à la dignité de genre séparé, et qu'on en suit les transformations, non pas d'après les théories des novateurs qui ne servent qu'à obscurcir la question, mais d'après les œuvres qui, toutes, concordent à l'éclaircir, on s'aperçoit d'une chose : c'est que le paysagiste a toujours tendu à limiter plus étroitement le champ où l'art rivalise avec la nature.

L'évolution a été lente, mais continue, depuis le jour où Van Eyck réunissait autour de ses chevaliers et de ses « saints ermites, » pour leur faire honneur, tous les rochers, toutes les essences d'arbres qu'on n'a jamais vus sous le même climat, toutes les fleurs, tous les horizons, tous les monuments, toutes les villes qu'il connaissait, jusqu'au jour mémorable où M. Raffaëlli chercha laborieusement, dans la banlieue parisienne, quelque coin de terre à reproduire où, par une chance extraordinaire et un concours de circonstances inouï, il n'y eût absolument rien. Dans cette évolution qui se poursuit, très constamment, depuis le paysage encyclopédique des Poussin, des Brueghel, des Paul Bril ou des Carrache, jusqu'à celui de Constable ou de George Michel, de celui de Constable à celui de Rousseau, de celui de Rousseau à celui de Claude Monet, vous trouverez qu'à chaque étape décisive, l'artiste limite le champ de sa concurrence avec la nature, afin d'y recouvrer plus d'avantages, ou qu'il se résigne à rendre de moins en moins d'impressions à la fois, afin de porter tout son effort sur celle qu'il a choisie. Il lui a fallu une très longue éducation et des siècles d'expérience pour qu'il s'aperçût que n'ayant à sa disposition ni l'air, ni la lumière et la gamine infinie de son éclat, ni les trois dimensions, il ne pouvait donner une idée de ce qu'il avait éprouvé dans la nature, que s'il parvenait, par quelque stratagème, à éliminer beaucoup des impressions qu'il y avait ressenties. De l'ambition première qu'il avait de tout rendre dans ce qu'il admirait parmi la nature, le paysagiste s'est résigné, peu à peu, à rendre de moins en moins et en fin de compte, à ne rendre, à la fois, qu'une parcelle infime de ses impressions.

L'un s'est dévoué à rendre le visage de l'Eau. L'autre simule sur l'éclatante blancheur des maisons au soleil le lacis bleuâtre des ombres portées par les branches. Un troisième s'attache à l'étude des parasites engainant un arbre et rendant incertaine son essence. Un quatrième découvre la région des toits, note la grave assemblée des cheminées, et les solennels hiéroglyphes tracés dans l'air par des fumées d'origines modestes et domestiques. Comment une vague entre dans le tunnel d'un rocher, s'y déploie, s'y brise, retombe sur elle-même, se replie en un seul courant et revient doucement à la mer jusqu'à ce qu'elle soit affrontée par la vague suivante ; comment elle escalade un îlot, fuse en morceaux d'écume blanche qui essaiment dans le ciel comme un vol d'oiseaux de mer, ou bien, le long des rochers, redescend en un réseau de filets liquides ; comment des barques, posées sur des reflets de nuages, semblent suspendues dans un firmament inférieur ; quelle particulière impression fait l'affleurement de bancs de granit, cette ossature du globe, dans la lande bretonne ; quelle lumière réfléchissent les délaissés de l'Océan, disséminés sous le ciel comme un grand miroir tombé et enfoncé en mille morceaux dans la gaine irrégulière des boues humides, à marée basse : voilà, par exemple, ce que le paysagiste d'aujourd'hui, ce qua M. Henri Rivière ou M. Harrison ou M. Roulard, ou M. Madeline dans son *Port breton, marée basse*, cherchent à dégager.

Un autre signe de cette minutieuse enquête est la fréquence des effets de nuit aux *Salons* de 1907. Ces effets sont très tentants, mais fort difficiles à reproduire, car il faut peindre le tableau de souvenir ou bien le peindre à une tout autre lumière que celle où il sera vu. Jamais, pourtant, on n'avait vu paraître tant de *Nocturnes*, ni si heureusement reproduits. Les recherches de Whistler et de Cazin sont continuées par une foule d'artistes qui savent donner, à la fois, la sensation de l'ombre enveloppante et la vibration du peu de lumière qui y filtre ou y frissonne solitairement.

Le plein jour n'est pas exprimé avec moins de finesse. La salle IV, avenue d'Antin, contient deux paysages d'une merveilleuse justesse de ton dans les accords les plus compliqués et les plus mystérieux, la *Baie à Saint-Valery-sur-Somme*, n° 212 de M. Braquaval, symphonie en gris lumineux, où le ciel nuageux fait à lui seul comme dans les marines hollandaises, tout le concert, sur l'effacement et la sourdine des terres. L'autre paysage est celui intitulé *Matinée d'Août, lac du Bourget*, n° 31, par M. d'Argence. Rarement, on a mieux exprimé la vibration de l'air embrasé sur les eaux chauffées de soleil, dans cette région à la fois haute et encaissée que domine la Dent du Chat, et jamais on n'a mieux donné, sur un petit espace, l'exacte graduation de tous les reflets sur une surface liquide, immobile et limpide. Nous voyons, là, l'Eau dans ses trois fonctions passives. Près du bord, dans sa fonction de transmetteur, de vitre : elle laisse apercevoir le fond du lac, les pierres, quelle colore légèrement. Plus loin, au milieu, dans sa fonction de récepteur : elle reflète le ciel, et le ciel étant très lumineux, il éteint toutes les images qui pourraient venir du fond du lac à la surface. Au fond, enfin, près des montagnes, l'eau reflète la montagne même, dans sa fonction de miroir, mais de miroir magique, mobile et changeant.

De même, sous la barque amarrée au bord, l'Eau remplit ses deux fonctions pittoresques : comme miroir, elle les reflète ; comme support, elle en reçoit l'ombre portée, et l'on voit, ici, exactement observés dans leurs directions horizontale et verticale, se coupant comme dans la nature, ces deux émanations contradictoires de la chose comme de l'homme : l'*Ombre* et le *Reflet*.

Ce faisant, ces artistes appliquent, sans y penser, le précepte fameux de Ruskin : « Avoir de la main et peindre de l'herbe ou des ronces avec assez de vraisemblance pour satisfaire l'œil, c'est là un talent qu'une ou deux années d'apprentissage donneraient au premier venu. Mais surprendre dans l'herbe ou dans les ronces ces mystères d'invention et de combinaison par lesquels la nature parle à l'esprit, retracer la fine cassure et la courbe descendante et l'ombre ondulée du sol qui s'éboule, avec une légèreté et une finesse de doigté qui égalent le tact de la pluie ; découvrir, jusque dans les minuties en apparence les plus insignifiantes et les plus méprisables, l'opération incessante de la puissance qui embellit et glorifie ; proclamer enfin toutes ces choses pour les enseigner à ceux qui ne regardent pas et ne pensent pas : voilà ce qui est vraiment le privilège et la vocation spéciale de l'artiste.[1] »

Il n'est point nécessaire, pour cela, de tomber dans le bavardage et la statistique, de devenir un Meissonier des champs et des bois. Mais il faut et il suffit que celui des détails précis *par lequel la nature parle à l'esprit* soit rigoureusement profilé. Démêler ce qui, dans un paysage donné, crée l'impression dominante que nous en ressentons, et l'ayant démêlé, ne retenir que cela, — telle est la loi. C'est ce qu'on fait, quand on fait la caricature d'une personne, ou, simplement, quand on en cherche la ressemblance. Le travail est parfois long et ardu. Pour une seule inflexion particulière au modèle : une paupière imperceptiblement plus abaissée que l'autre, par exemple, ou la ligne du front au nez un peu moins concave que d'ordinaire, il y a, dans tous les visages, des centaines de lignes ou de plans qui se retrouvent sensiblement les mêmes ou dont les différences, neutralisée par la lumière, ne peuvent être toujours rendues, ni même toujours ressenties. Mais le point de dissymétrie qui sera la clef de toute la dissemblance avec l'Espèce ou de la ressemblance avec l'individu se trouve bien dans le visage qui a

---

1 John Ruskin, *Modern Painters*, vol. I, section IV, chap. IV, *Of the fore ground*,

servi de modèle. Ce n'est pas de son propre fonds que l'artiste l'a tiré : c'est du fond de l'âme qu'il a devant lui. Il a seulement dégagé ce trait distinctif de l'amas de lignes banales qui le cachaient aux yeux de la foule, et il a dit à cette foule : « Ce qui fait que vous avez une impression particulière en regardant cette figure et que vous la reconnaissez entre mille, tenez : c'est ceci ! » — De même, le paysagiste. Ce n'est pas en lui qu'il trouve le caractère particulier du paysage qu'il a sous les yeux : c'est bien dans la nature. Seulement ce caractère est obturé sous tant d'autres qu'il faut, comme le portraitiste ou le caricaturiste, qu'il le démêle, le lire du tas, le profile seul. La différence entre l'artiste et la foule est que l'artiste découvre ce trait spécifique dans le fouillis de la nature même, tandis que la foule ne le reconnaîtra qu'une fois tiré des autres et isolé par l'art. Sur le grimoire indéchiffrable de la nature, l'artiste pose la grille qui, ne faisant apparaître que quelques mots là où il y en avait mille, découvre, tout d'un coup, un sens continu et clair à un texte merveilleusement confus. Et la foule peut lire. Enthousiasmé, le philosophe qui, à cet égard, fait partie de la foule, proclame que l'artiste a interpolé quelque chose dans le texte, que « l'art est l'homme ajouté à la nature, » ou encore qu'un « paysage est un état, de l'âme, » ou encore que c'est « la nature vue à travers un tempérament. »

C'est une erreur de fait. Quiconque a travaillé d'après nature s'est vite aperçu que la nature infiniment riche et trop riche même n'a pas besoin qu'on lui prête, mais seulement qu'on lui dérobe, ni qu'on lui ajoute quoi que ce soit, mais, selon le mot de M. Cherbuliez, qu'on la « débrouille. » Si chaque artiste ne la débrouille pas de la même manière et n'en tire point le même sens, quoi d'étonnant ! Il n'est pas qu'un texte dans un paysage donné, comme il n'y a point qu'une figure dans une foule : il y en a des milliers, selon la saison, l'heure, l'atmosphère, et, fût-ce au même moment, il est rare qu'on ne puisse en lire plusieurs. Quand Bertin, Aligny et Corot travaillaient ensemble devant les mêmes arbres, ils rapportaient trois dessins assez dissemblables, dit-on. C'est que chaque artiste ne pose pas, sur le même grimoire, la même grille. Chacun nous fait lire, dans le même livre, une chose différente. Mais l'une et l'autre de ces choses y-étaient bien, et des milliers d'autres y sont encore que nul, jusqu'ici, ne nous a fait voir.

Section III

Si l'on doit donc s'étonner de quelque chose, en ces Salons ou dans les Musées, ce n'est pas que du champ, de la forêt, de la montagne ou de la mer, les artistes aient tiré tant de visions diverses, mais qu'ils en aient tiré si peu ; que si peu des mystérieuses harmonies que nous devinons entre les choses et nous-mêmes aient été jusqu'ici démêlées par l'art et que, malgré l'effort et la pénétration de tant d'yeux ouverts sur la Nature depuis près de six cents ans qu'il y a des fils de Giotto et qu'ils peignent,

Tant de terres encore restent à découvrir !

Ils les découvriront s'ils se penchent avec foi sur l'hiéroglyphe sacré. L'orientation nouvelle du Paysage est heureuse parce qu'elle est spontanée. Elle ne procède d'aucune théorie, d'aucune formule, d'aucune négation. Elle est née d'un regard plus attentif et plus compréhensif, « Quand je peins un ciel, moi, j'ouvre ma fenêtre ! » s'écriait superbement Horace Vernet devant l'*Enterrement d'Ornans*. Et Rousseau, qui était là, murmurait à l'oreille de son voisin : « Quand je peins un ciel, moi, j'ouvre mon intelligence… » — La vérité est qu'il faut les ouvrir toutes les deux et que le grand maître du Paysage moderne nous en a donné l'exemple. Français raconte quelque part qu'il a vu Théodore Rousseau « absorbé pendant de longues heures dans les fourrés de Fontainebleau, à piocher et repiocher une toile, la repeignant cent fois, si fervent, si attentif, abrité sous un chapeau de paille et un petit manteau roux en forme de cloche ; si immobile que, par derrière, on le prenait pour une ruche… » Cette image est le symbole du Paysagiste, et du Paysagiste moderne, plus humble que l'ancien et plus réservé et plus précis. C'est la condition de ses découvertes, de ses joies et de son labeur ; c'est son orientation nouvelle : en pleine nature et en méditation infinie… »

ISBN : 978-1981446902